Hunde in der Hitzefalle

BOOKS on DEMAND

All den Hunden gewidmet,
die jedes Jahr durch
Unachtsamkeit oder Nachlässigkeit
in Autos sterben.

Dr. Sabine Bender

Hunde in der Hitzefalle

**Warum unsere Hunde unter der Hitze leiden,
und wie wir ihnen helfen können**

Bibliografische Information der Deutschen National-bibliothek:
Die Deutsche Nationalbibliothek verzeichnet diese Publikation in der Deutschen Nationalbibliografie; detaillierte bibliografische Daten sind im Internet über http://dnb.dnb.de abrufbar.

*Illustrationen: **Dr. med. vet. Sabine Bender***
*Fotos: **pixabay.de***

Herstellung und Verlag: BoD – Books on Demand, Norderstedt

ISBN: 978-3-7519-6028-1

Inhaltsverzeichnis

Ein paar Worte zur Einleitung

Vielleicht werden Sie sich fragen, warum eine Tierärztin ein Buch über Hunde und Hitzefallen schreibt.

Die Erklärung ist ganz einfach. Tagtäglich bin ich als Tierärztin aber auch als Hundehalterin oder einfach nur als Tierliebhaberin mit der Problematik konfrontiert, dass Hunde leichtsinnig im Sommer im Auto mitgenommen und/oder transportiert werden.

Da wir Menschen unseren Wärmehaushalt im Sommer durch Schwitzen regulieren, gehen wir oft fälschlicherweise davon aus, dass unsere Hunde dies genauso tun. Doch hier erliegen wir einem Irrtum.

Ich muss zugeben, ich zähle auch zu den Hundeliebhabern, die ihren Hund am liebsten immer und überallhin mitnehmen würden. Aber die Vernunft und auch meine Hundeliebe verbieten mir dies.

Häufig sind sich Hundehalter gar nicht im Klaren darüber, was sie ihren vierbeinigen Gefährten abverlangen, wenn sie sie bei sommerlichen Temperaturen ins Auto packen; und sei es nur für den berühmten schnellen Einkauf. Bei entsprechenden Außentemperaturen kann auch ein kurzer Moment schon fatale Folgen haben.

Mit diesem kleinen Büchlein möchte ich Hundehalter für das Thema „Hund im warmen Auto" sensibilisieren.

Ich möchte mögliche Folgen, Hinweise zur Vermeidung und Möglichkeiten zur Hilfe im Ernstfall geben.

Was ich nicht möchte, ist jeden Hundehalter, der seinen Hund im Auto mitnimmt – auch im Sommer – als potentiellen Tierquäler verurteilen.

Schließlich wollen wir alle nur das Beste für unsere Hunde.

Dr. Sabine Bender
Hohenöllen, im Juni 2020

Hintergründe

Hunde sind von Natur aus sehr hitzeempfindlich.
Dies liegt zum einen daran, dass Hunde nur über sehr
wenige Schweißdrüsen verfügen. Diese sind hauptsäch-
lich an den Pfoten und am Nasenspiegel zu finden.
Zwar sind auch am restlichen Körper einige wenige
Schweißdrüsen vorhanden. Doch sind sie so geringgra-
dig ausgeprägt, dass sie praktisch ohne Nutzen für die
Regulierung der Körpertemperatur sind.

Dichtes und langes Fell kann den Körper gut gegen Kälte isolieren, aber auch die Abgabe von Wärme nach außen empfindlich stören.

Ein weiterer Faktor, der die Hitzeempfindlichkeit unse-
rer Hunde fördert, ist die zusätzliche Isolierung durch
ein mehr oder weniger stark angelegtes Fellwachstum.
Dies führt zu einer zusätzlichen Isolierung des Körpers.
So kommt es, dass bei Hunden, im Gegensatz zu uns
Menschen, eine Weitstellung der Blutgefäße in der Haut
kaum zur Abkühlung des Körpers beitragen kann.
Aus diesen Gründen regulieren unsere Hunde ihre Kör-

pertemperatur im Wesentlichen über das Hecheln. Hierbei wird allerdings zum einen viel Energie verbraucht, vor allem aber sehr viel Wasser.

Einen besonderen Problemfall stellen hier die brachycephalen (kurznasigen) Hunderassen dar. Beim Hecheln kommt die Luft nicht bis in die Lunge, sondern nur bis zum Rachen. Die normale Atmung muss weiter über die Nase erfolgen. Da bei diesen Rassen aber ganz häufig die Nasengänge so eng oder sogar fast vollständig verlegt sind, ist eine vernünftige Atmung schon unter normalen Temperaturen deutlich erschwert. Bei einem

Bei brachycephalen Hunden sind die Nasengänge meist so stark verengt, dass eine normale Atmung und ein normaler Wärmetransport nicht mehr möglich sind

Anstieg der Außentemperaturen kommen bei den brachycephalen Rassen Hecheln und Atmung in Konflikt, so dass ein Kollaps droht.

Wie regulieren unsere Hunde ihren Wärmehaushalt?

Seinen Wärmehaushalt regulieren zu können, ist für den Hund ebenso überlebenswichtig, wie für uns Menschen. Die normale Körperkerntemperatur beträgt bei unseren Haushunden 37,5 bis 38,5 Grad Celsius. Bei einer Körperkerntemperatur von 38,5 bis 39 Grad liegt eine Situation mit erhöhter Temperatur vor, die man als Hundehalter genau im Auge behalten sollte. Ab 40 Grad schließlich spricht man von Fieber. Eine Körperkerntemperatur ab 41 Grad wird schnell lebensbedrohlich für den Hund.

Physiologie der Thermoregulation

Um seine Körpertemperatur in Abhängigkeit von der Umgebungstemperatur weitestgehend stabil zu halten, nutzen Hunde, wie alle homoiothermen (gleichwarme) Tiere, die Mechanismen der Thermoregulation. Man kann das Ganze als eine Art Kreislauf ansehen. Hierbei gibt es für die Körpertemperatur einen bestimmten Sollwert, der erreicht und eingehalten werden soll. Dieser Sollwert wird immer wieder mit dem aktuellen Ist-Wert verglichen.

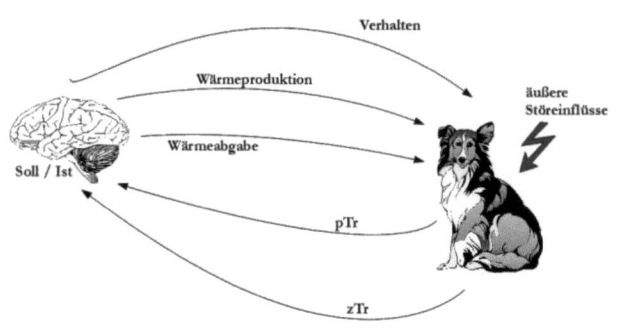

Im Körper registrieren periphere (äußere) Thermorezeptoren (Temperaturmessfühler) (pTr) die Temperatur in der Haut und in den Schleimhäuten. Die zentralen (inneren) Thermorezeptoren (zTr) messen die Temperatur in den inneren Organen und im Rückenmark. Werden die Messgrößen durch äußere Störfaktoren, z.B. durch Änderungen der Umgebungstemperatur verändert, so melden die entsprechenden Rezeptoren dies an die sogenannte Area praeoptica und im Hypothalamus des Hundegehirns, wo der Sollwert regelmäßig mit dem gemessenen Istwert verglichen wird. Bei Abweichungen wird in angemessenem Maße reguliert.

Thermoregulation erfolgt im Wesentlichen durch Anpassung des Verhaltens, Wärmeproduktion oder Wärmeabgabe

Entsprechend den Veränderungen der Körpertemperatur zeigen viele Tiere ein angepasstes Verhalten. (Details hierzu folgen etwas später)

Nicht beeinflussbar sind hingegen die Reaktionen, die der Körper autonom, also eigenständig oder automatisch steuert. Dies ist bei einem Absinken der Umgebungstemperatur die Wärmeproduktion durch das sogenannte Kältezittern. Hierbei entsteht, wie bei normaler Muskelarbeit auch, Wärme. Allerdings ist Muskelzittern erst dann effektiv, wenn der Körper gut isoliert ist. Da die Muskulatur für das Zittern, wie für jede andere Muskelarbeit auch, stärker durchblutet werden muss, geht durch das Zittern bei mangelnder Isolierung wieder viel Wärme verloren.

Aus der Umsetzung von braunem Fettgewebe im Stoffwechsel kann ebenfalls Wärme gewonnen werden. Dieses befindet sich ebenso wie bei Kleinkindern auch bei Jungtieren vor allem am Hals, Brust und Rücken. Aufgrund dieser Verteilung dient es hervorragend zur Wärmeabgabe in den Brustkorb und ins Gehirn. Dies bezeichnet man auch als zitterfreie Wärmeproduktion. Bei unseren Hunden spielt dies jedoch, wie bei nahezu allen Säugetieren, nur im Säuglingsalter eine Rolle, da sich mit dem Erwachsenwerden das braune Fettgewebe abbaut.

Im Nachfolgenden sehen wir uns die Anpassungsmöglichkeiten an hohe Umgebungstemperaturen genauer an.

Kurzfristige Anpassung an erhöhte Außentemperaturen

Prinzipiell erfolgt die Wärmeabgabe über die folgenden fünf Mechanismen:

- Konduktion
- Konvektion
- Radiation
- Evaporation
- Verhalten

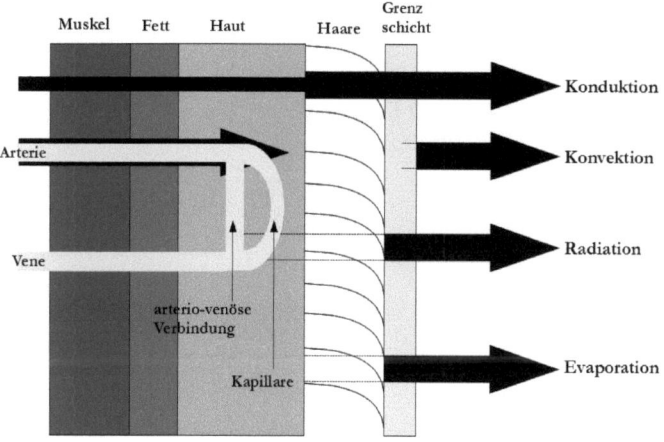

(Abbildung nach A. Scheunert, A. Trautmann: Lehrbuch der Veterinär-Physiologie, Paul Parey Verlag, 1987)

Konduktion

Hierbei handelt es sich um eine sehr langsame Wärmeabgabe im Sinne von Wärmeleitung. Dies kann man sich so vorstellen, dass die Wärme durch direkte Übertragung von kinetischer Energie von einem Molekül zum anderen in Richtung Temperaturgefälle weitergegeben wird. Dabei erfolgt ein Netto-Transfer von Wärme aus den wärmeren in die kälteren Schichten, hier vom wärmeren Körperkern hin zu einer kühleren Körperoberfläche. Angestrebt wird von diesem System ein Temperaturausgleich.

Konduktion =
Wärmeleitung

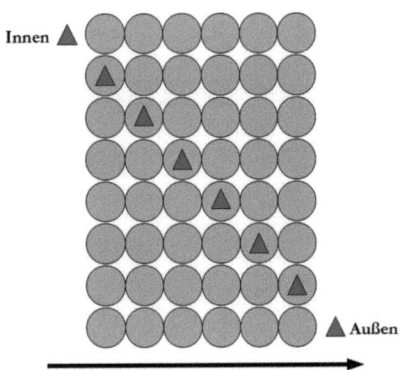

Innerhalb des Körpers erfolgt die Weiterleitung der Wärme auf Gewebeebene; das bedeutendste Transportmedium ist hier das Blut. Bei direktem Körperkontakt kann die Wärme auch von der Haut an feste oder flüssige Materialien (z.B. Decke oder Wasser) weitergegeben werden. Am besten spürt man dies selbst an der Erwärmung des Platzes, auf dem man eine Weile gesessen hat; oder am eigenen Bett, das morgens noch so schön warm ist.

Allerdings funktioniert die Wärmeleitung nur dann, wenn ein gewisses Temperaturgefälle herrscht. Das bedeutet, dass das Gewebe, welches Wärme abgeben möchte, wärmer sein muss als das Gewebe, das die Wärme aufnehmen soll. Quantitativ kann die Wärmeleitung beim liegenden Tier von großer Bedeutung sein, wenn die Wärmeleitfähigkeit des Untergrundes entsprechend hoch ist und genügend Wärme aufzunehmen vermag. Dies hat u.a. große Bedeutung bei der Behandlung von überhitzten Hunden. Aber dazu später mehr.

Konvektion

Bei Konvektion erfolgt der Transport der Wärme mit einem anderen Stoff; innerhalb eines lebenden Körpers meist mit dem Blut. Kleinere Blutgefäße (sogenannte Kapillaren) reichen bis in die äußere Haut. Die außen anliegende Luftschicht kann so durch die Haut hindurch erwärmt werden. Da wärmere Luft aufsteigt, kann sie wieder durch kältere Luft, die absinkt, ausge-

Konvektion = Wärmeströmung

tauscht werden.

In den Grenzschichten zwischen Haut und Luft kommt es zu laminaren Strömungen (freie Konvektion). Dies führt dazu, dass die Wärmeabgabe proportional zur Temperaturdifferenz zwischen Körperoberfläche und Luft ansteigt.

Konvektion, also Wärmeströmung, findet vor allem durch die großen Gefäße der Gliedmaßen statt. In den Gliedmaßen laufen die großen Gefäße (Arterien und Venen) über weite Strecken parallel nebeneinander. So wird das wärmere arterielle Blut aus dem Körperkern durch das kühlere venöse Blut heruntergekühlt. Dadurch wird der Wärmeverlust an die Umgebung auf ein nötiges Maß reduziert. Hier ist die Geschwindigkeit der Wärmeverteilung abhängig von der Geschwindigkeit des Blutflusses in den Gliedmaßen, dem sogenannten Gegenstrom-Wärmeaustausch-Gradienten der Arterien und Venen und der Temperaturdifferenz zwischen Körperkern und Körperoberfläche.

In der Haut finden sich kleine Kurzschlüsse zwischen den Arterien und Venen, sogenannte arterio-venöse Anastomosen. Diese öffnen sich bei hoher Wärmebelastung. Durch die erhöhte Durchblutung der Haut strömt Blut über die oberflächlichen Venen zurück, wodurch eine höhere Wärmeabgabe möglich ist.

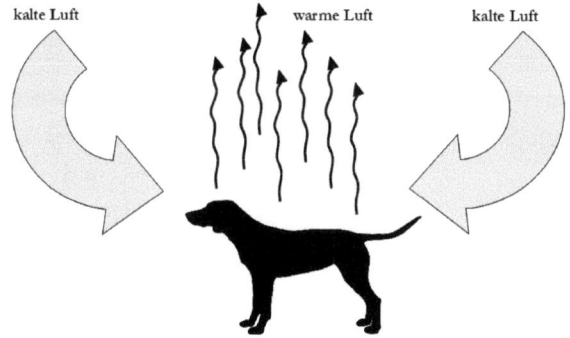

kalte Luft warme Luft kalte Luft

Gesteigert wird diese Art der Wärmeabgabe durch eine Zirkulation der umgebenden Luft; wenn also z.B. Wind herrscht. Dadurch kommt es zu einer stärkeren Abnahme der Oberflächentemperatur.

Behindert wird die Wärmeabgabe dagegen bei unseren Tieren durch mehr oder weniger stark ausgeprägtes Fell oder angelegte Mäntelchen. Besonders dichtes Fell und/oder ausgeprägte Unterwolle können unter Umständen die warme Luft nahe am Körper festhalten und so eine Abgabe der Wärme über Konvektion erschweren oder im schlimmsten Fall sogar gänzlich verhindern, da sie eine Schicht aus ruhender Luft um die Haut legen.

Radiation

In geschlossenen Räumen findet ein Wärmeaustausch durch Strahlung bereits ab einer Differenz von 1 °C zwischen Fell und umgebenden Wänden (nicht der Luft!) statt. Hierbei kann der Körper sowohl Wärme abgeben als auch aufnehmen. Ein Transportmedium wie Luft oder Flüssigkeit wird bei der Radiation nicht benötigt. Der Wärmeabgabe durch langwelliges Infrarot steht hier die Wärmeaufnahme durch kurzwellige Strahlung gegenüber. Jeder Körper sendet und absorbiert Wärmestrahlung. Dabei ist die Menge abhängig von der Oberflächentemperatur und der Größe der Oberfläche. Bei unseren Hunden spielt außerdem das Fell eine große Rolle. Schwarze Haut und schwarzes Fell absorbieren besonders viel Wärme.

Radiation = Wärmestrahlung

Je klarer der Himmel im Freien desto höher die Sonneneinstrahlung und damit die Wärmeaufnahme. Aber selbst bei bewölktem Himmel ist am Tag die Wärmeaufnahme durch Strahlung höher als die Wärmeabgabe. Eine alleinige Wärmeregulation durch Radiation ist also nicht möglich.

Evaporation

Während es sich bei Konduktion, Konvektion und Radiation um sogenannte „trockene" Wärmeabgabe handelt, erfolgt bei der Evaporation eine „feuchte" Wärmeabgabe durch Verdunstung auf der äußeren Haut oder über die Atemwege.

Evaporation = Verdunstung

Für schwitzende Tierarten wie Pferde ist Schwitzen ein hocheffektiver Weg zur Wärmeabgabe, wenn der Schweiß verdunsten kann. Verdunstung geht unabhängig von Temperaturdifferenzen, also der Umgebungstemperatur, vonstatten. Entscheidend ist vielmehr die Differenz zwischen dem Wasserdampf-Partialdruck (in etwa vergleichbar mit dem Feuchtegehalt) auf der Haut und in der Luft. Mit steigendem Wind nimmt die Wärmeabgabe durch Verdunstung zu. Da Verdunstung unabhängig von der Temperatur erfolgt, ist eine Wärmeabgabe theoretisch auch dann noch möglich, wenn die Temperatur in der Umgebung höher ist als auf der Haut. So effektiv dieser Mechanismus auch ist, er spielt bei unseren Hunden so gut wie gar keine Rolle. Zum einem ist die Anzahl der Schweißdrüsen bei ihnen viel zu gering, und zum anderen wird die Verdunstung auch noch durch ein mehr oder weniger stark ausgeprägtes Fell erschwert oder sogar unmöglich gemacht. Einzig an den Pfoten sind einige Schweißdrüsen vorhanden, was sich darin bemerkbar macht, dass unsere Hunde schon mal feuchte Abdrücke auf dem Boden hinterlassen.

Die einzige relativ effektive Möglichkeit der Wärmeabgabe erfolgt bei unseren Hunden über das Hecheln.

Schweißdrüsen finden sich bei unseren Hunden fast ausschließlich an den Pfoten

Auch in neutralen Temperaturbereichen erfolgt stets eine gewisse Wärmeabgabe durch Verdunstung über die trockene Haut oder die durch Wasserdampf gesättigte Ausatmungsluft. Bei feuchter, schwüler Luft funktioniert dieses Prinzip jedoch nur noch schlecht oder gar nicht mehr. Dies spielt für unsere Hunde vor allem bei Aufenthalten in Autos eine große Rolle.

Anpassung über Verhalten

Wenn die Möglichkeit besteht, suchen Tiere entweder kühlere, schattige oder wärmere Plätze auf, je nach Umgebungstemperatur. Manche Hunde suchen auch ganz gezielt Wasserpfützen auf, wenn die Umgebung zu warm wird, und legen sich hinein. Besteht für Hunde die Möglichkeit, dann buddeln sie auch gerne Mulden in den Boden, um sich dann in die frisch aufgeworfene kühlere und manchmal auch feuchtere Erde zu legen. Während sich ein Hund bei Kälte zusammenrollt, wird er sich bei wärmeren Umgebungstemperaturen lang ausstrecken, um einige dünn behaarte Körperstellen zur Wärmeabgabe zu nutzen. An diesen sogenannten „thermischen Fenstern" ist die Isolation des Körpers weniger gut und kann eingeschränkt zur Wärmeabgabe genutzt werden. Diese Bereiche finden sich bei unseren Hunden zwischen den Vorderbeinen und der Brustwand und in der Leistengegend.

Werden Hunde im Auto in Hundeboxen transportiert, in denen sie nur eingeschränkt Platz haben, können sie diese Thermischen Fenster nur sehr eingeschränkt oder gar nicht nutzen, da sie nicht genügend Raum finden, um diese Fenster zu „öffnen".

Langfristige Anpassung an erhöhte Außentemperaturen

Akklimatisation bezeichnet eine langfristige Anpassung

| Akklimatisation benötigt ausreichend Zeit |

an Änderungen der thermischen Umgebungsbedingungen, also der Umgebungstemperatur. Dies ist vor allem dann notwendig, wenn Tiere sich dauerhaft oder zumindest langfristig in einer Umgebung mit deutlich veränderten Umgebungstemperaturen aufhalten müssen.

Da es sich hier um einen physiologischen Anpassungsmechanismus handelt, benötigt der Körper Zeit. Hier unterscheidet man zwischen einer teilweisen Anpassung, die nach ca. zehn bis zwanzig Tagen stattfindet, und einer vollständigen Anpassung, die bis zu sechzig Tagen benötigen kann.

Art und Intensität der Anpassung sind je nach Individuum unterschiedlich. Unter anderem ist sie abhängig von der Dauer des vorherigen Aufenthaltes in bestimmten Umweltbedingungen. Je länger ein Organismus einer bestimmten Temperatur ausgesetzt ist, desto größer ist der dadurch erzielte Akklimatisationseffekt. Dabei sind jedoch nur Anpassungen bis zu einem typischen Maximum machbar. Akklimatisation ist nicht unbegrenzt möglich.

Ein typischer Anpassungsmechanismus an veränderte Temperaturen ist bei unseren Haushunden der Fellwechsel, primär bedingt durch die jahreszeitlichen Änderungen der Tageslänge. Das typische Sommerfell ist dünner und meist etwas heller. Das Fell reflektiert einen Teil der kurzwelligen Strahlung oder gibt langwellige wieder ab. Dadurch erreicht nur ein kleiner Teil der Strahlung den Körperkern. Fell hat also auch eine eingeschränkte Schutzfunktion gegen Wärmestrahlung.

Während der Akklimatisation ändert sich auch das Stoffwechselgefüge; vermutlich durch eine Verschiebung in der Aktivität und der Häufigkeit bestimmter Enzyme. Dies hier genauer auszuführen, würde den Rahmen des Büchleins sprengen. Nur so viel. Diese Anpassungsmechanismen dienen der Vermeidung von Sauerstoffmangel in den Geweben und von Multiorganversagen als Folge einer Überhitzung.

Leider haben unsere Hunde im Sommer in der Regel nicht die nötige Zeit zu solchen Anpassungen. Selbst der Fellwechsel ist bei einigen Rassen inzwischen empfindlich gestört. Und übermäßig stark entwickeltes Fell oder zu lange Behaarung verhindern mitunter sogar die Abgabe von überschüssiger Wärme an die Umgebung.

Die Besonderheit des Hechelns

Hecheln ist für Hunde nahezu die einzige Möglichkeit zur Wärmeabgabe über Verdunstung, da sie nicht wie Menschen schwitzen können. Es verhindert ein Überhitzen des Körpers.

Grundsätzlich ist Hecheln also ein ganz normales Verhalten bei Hunden. Dabei streckt der Hund die Zunge heraus, atmet durch die Nase ein und durch das Maul wieder aus. Dabei kann die Atemfrequenz schnell von dreißig Atemzügen pro Minute in Ruhe und bei normalen Temperaturen auf bis zu dreihundert bis vierhundert Atemzüge pro Minute ansteigen.

Die Atemfrequenz kann von 30 auf 300-400 Atemzüge pro Minute ansteigen

Je schneller der Hund hechelt, desto flacher wird die Atmung. Die Luft zirkuliert im „Totraum" zwischen Maulschleimhaut, Luftröhre und Bronchien. Diese schnelle Atmung, auch Totraumventilation genannt, darf nicht mit dem Hyperventilieren verwechselt werden. Im Gegensatz zum Hecheln, bei dem die Luft nicht bis in die Lunge gelangt, findet beim Hyperventilieren ein vermehrter Gasaustausch in der Lunge statt.

Totraumatmung dient nicht dem Austausch von Sauerstoff

Trotz dieses Unterschiedes bleibt das Luftvolumen pro Minute auch beim Hecheln nahezu unverändert. Lediglich die Anzahl der Atemzüge ändert sich. Zwar wird das Atemvolumen pro einzelnen Atemzug geringer. Dies wird jedoch durch die Erhöhung der Atemfrequenz wieder ausgeglichen.

Beim Hecheln geht es nicht darum, dass dem Hundekörper vermehrt kalte Luft zugeführt wird. Durch den stetigen Luftstrom über die Zunge wird mehr Flüssigkeit verdunstet. Dabei findet ein Übergang von flüssigem Wasser in einen gasförmigen Zustand statt, bei dem der Umgebung (also dem Körpergewebe) Wärme entzogen und an die Luft abgegeben wird. So wird den Schleimhäuten und den angrenzenden Geweben Verdunstungswärme entzogen, ähnlich dem Schwitzen beim Menschen, und die Körpertemperatur sinkt.

Da jedoch nicht nur die Körperkerntemperatur sondern auch die Temperatur im Gehirn von existenzieller Bedeutung ist, verfügt auch das Gehirn über eine Art Thermostat. Bereits bei einem geringen Anstieg der Temperatur im Gehirn wird das Hecheln ausgelöst.

Dadurch werden ein Temperaturanstieg im Gehirn und dadurch bedingte Beeinträchtigungen der Hirnfunktion verhindert. Je stärker der Hund hechelt, desto mehr wird das Gewebe und damit das Blut rund um die Arterien an der Schädelbasis herunter gekühlt, und desto kühler erreicht das Blut das Gehirn. Nach hohen Anstrengungen oder bei großer Hitze ist das Hecheln also eine ganz wichtige Funktion zur Aufrechterhaltung der Körperfunktionen.

Da beim Hecheln allerdings innerhalb recht kurzer Zeit sehr viel Flüssigkeit verdunstet wird, ist es enorm wichtig bei Hitze und großen Anstrengungen regelmäßig ausreichend Wasser anzubieten. Andernfalls droht schnell ein Kreislaufkollaps durch Flüssigkeitsmangel.

Bei besonders gut genährten Hunden finden sich größere Fettpolster, die aufgrund ihrer physiologischen Eigenschaften sehr gut isolieren und weniger Wärme nach außen durchlassen. Dies hat zur Folge, dass große und dicke Hunde früher und mehr hecheln als normalgewichtige Hunde. Vergleichbares trifft auch auf besonders dickfellige und dickhäutige Hunderassen zu.

Kurznasige (brachycephale) Hunderassen verfügen über eine mehr oder weniger stark eingeschränkte Atmung. Durch die verkürzten Atemwege können diese Hunde nicht mehr so gut hecheln. Bei ihnen ist auch der Wärmeaustausch über das Hecheln deutlich schlechter.

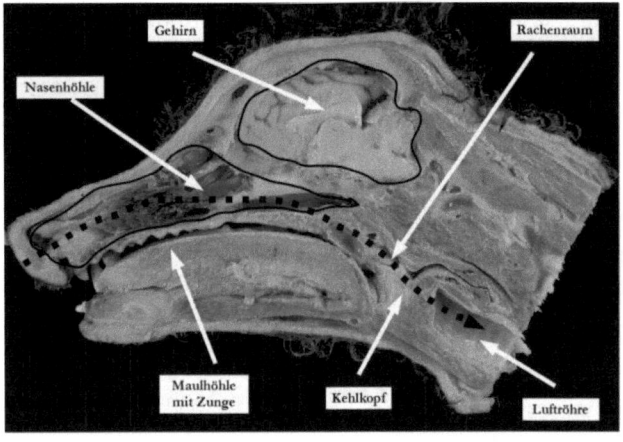

Nähe der Atemwege zum Gehirn. Gepunkteter Pfeil = Weg der Luft beim Atmen.

Einflüsse auf die Körpertemperatur

Körpermasse – Körpergröße

Die Möglichkeit zur Thermoregulation wird zum Teil durch die Tiergröße bestimmt. Kleinere Tiere besitzen eine größere relative Körperoberfläche, wodurch die Wärmeverluste an die Umgebung höher sind. Ähnliches gilt auch in Bezug auf das Verhältnis der Extremitäten und der Körperanhangsorgane (z.b. Ohren) zum Körper.

Bei Jungtieren wird dies durch eine erhöhte Anzahl der Mitochondrien (Energiekraftwerke innerhalb der Zellen) kompensiert, sodass diese Tiere schon in neutralen Temperaturbereichen einen deutlich höheren relativen Energierumsatz haben, um ihre Körpertemperatur zu halten.

Tageszeit

Die Mehrzahl der Körperfunktionen unterliegt tageszeitlichen Schwankungen. So steigt die Körpertemperatur im Allgemeinen während des Tages an, um am Nachmittag oder in den Abendstunden ihr Maximum zu erreichen. Nachts fällt sie wieder ab auf ein Minimum in den frühen Morgenstunden.

Nahrungsaufnahme

Futteraufnahme kann durch eine Erhöhung der Ruhe-Wärmeproduktion die Körpertemperatur geringfügig erhöhen. So haben dann auch intensiv gefütterte Tiere eine höhere Körpertemperatur. Bei unterernährten Tieren hingegen liegt die Köpertemperatur niedriger.

Alter

Die Mechanismen zur Thermoregulation sind angeboren.

Aufgrund des größeren Verhältnisses der Körperoberfläche zur Köpermasse und einer noch unvollständigen Behaarung ist die Körpertemperatur bei Jungtieren in den ersten vierzehn Lebenstagen niedriger als zu späteren Zeitpunkten.

Bei alten Tieren sinkt die Körpertemperatur aufgrund einer verlangsamten Stoffwechselrate und degenerativer Prozesse im Gehirn.

Hormonelle Einflüsse

Zwischen den Geschlechtern gibt es keinen Unterschied hinsichtlich der Körpertemperatur.

Zyklusbedingte Schwankungen wie beim Menschen findet man bei weiblichen Tieren nicht. Allerdings zeigen sich bei allen Haussäugetieren im letzten Drittel der Trächtigkeit erhöhte Körpertemperaturen, die sich während des Geburtsvorgangs noch erhöhen können. Schilddrüsenhormone steigern die Stoffwechselrate und damit die Wärmeproduktion. Catecholamine (Adrenalin, Noradrenalin, Dopamin) steigern den Energieumsatz und verhindern durch eine Engstellung der peripheren Blutgefäße die Wärmeabgabe.

Körperliche Aktivität

Erregung kann durch Erhöhung des Muskeltonus zu erhöhten Körpertemperaturen führen. Je kleiner das Tier desto schneller steigt die Körpertemperatur an. Die bei körperlicher Arbeit entstehende überschüssige Energie wird in Form von Wärme an die Umgebung abgeführt. Bei intensiver Arbeit ist die Fähigkeit des Körpers zur Abgabe von Wärme jedoch eingeschränkt, wodurch die Körpertemperatur ansteigt.

Wenn's schief geht

Ein Temperaturbereich von fünf bis fünfundzwanzig Grad Celsius kann auch bei unseren Hunden als thermoneutrale Zone angesehen werden. Ein Bereich also, bei dem der Körper die wenigsten Anstrengungen aufbringen muss, um seine Körpertemperatur und normalen Körper- und Organfunktionen aufrecht zu erhalten. Natürlich gibt es auch bei Hunden individuelle Vorlieben hinsichtlich Wohlfühltemperaturen.

Im Freien werden aber bei ausreichender Luftzirkulation und niedrigen Luftfeuchtigkeiten durchaus auch Temperaturen von bis zu vierzig Grad Celsius für eine gewisse Zeit toleriert.

Erschwert wird dies jedoch bei Tieren mit dunklem Fell. Diese Tiere nehmen schneller mehr Wärme auf. Dem entsprechend kommt es schneller zu einer Überhitzung des Körpers. Für dunkelfellige Hunde können schon Temperaturen ab zwanzig Grad Celsius sehr unangenehm werden.

Der Organismus unserer Hunde ist darauf ausgerichtet eine weitgehend konstante Körpertemperatur von zirka achtunddreißig Grad Celsius aufrecht zu erhalten. Je wärmer die Umgebung wird, desto mehr muss der Körper folglich herunter gekühlt werden. Dies ist nur mit einem enormen Energieaufwand möglich.

Hier stoßen Hunde schnell an ihre Grenzen. Sie besitzen nur wenige Schweißdrüsen mit eingeschränkter Funktion. Dafür besitzen sie jedoch oft ein gut isolierendes langes und/oder dichtes Fell, was eine regulierende Weitstellung der Blutgefäße in der Haut nur wenig effektiv macht. Folglich bleibt diesen Hunden nur noch das Hechel als Abkühlmechanismus. Dies funktioniert allerdings nur so lange, wie die Umgebungstemperatur unterhalb der Körpertemperatur liegt. Nur dann kann der Hundekörper über die feuchte Maulschleimhaut und über die Zunge Verdunstungswärme abgeben.

Steigt die Lufttemperatur auf Werte nahe oder über der Körpertemperatur, wird der Wärmeaustausch über das Hecheln zunehmend ineffektiver und hört irgendwann ganz auf.

Zusätzlich belastend kommt hinzu, dass durch das Hecheln die Luftfeuchtigkeit in der Umgebung ebenfalls ansteigt und so die Abgabe von überschüssiger Wärme zusätzlich behindert.

Hinzu kommt, dass beim Hecheln zum Teil große Mengen an Flüssigkeit verloren

Flüssigkeitsverlust

gehen. Dieser Verlust kann zu schwerwiegenden Konsequenzen führen, wenn der Hund nicht die Möglichkeit hat, diese Flüssigkeitsverluste durch die ausreichende Aufnahme von Trinkwasser zu kompensieren.

Was passiert nun im Hundekörper, wenn der Hund zu lange im aufgeheizten Auto verbleiben muss?

Sobald die Wärmeaufnahme des Hundekörpers die Wärmeabgabe übersteigt, ist die Überhitzung nicht mehr aufzuhalten.

Bereits ab einer Temperatur von 40,5°C wird das Gehirn in Mitleidenschaft gezogen. Dies kann dann schnell passieren, wenn die Sonne längere Zeit direkt durch die Scheibe auf den Hundekopf scheinen kann. Bei einem Hitze- oder Sonnenstich kann die Körpertemperatur des Hundes durchaus noch im Normalbereich liegen.

Die dauerhafte Hitzebelastung führt zu einer Reizung und Entzündung der Hirnhäute. Dies kann auch beim Hund zu Kopfschmerzen führen. Häufig machen diese dann einen teilnahmslosen Eindruck, halten die Augen geschlossen, vermeiden helle Umgebungen und sind kaum oder gar nicht ansprechbar.

Im weiteren Verlauf kommt es zu einer vermehrten Ansammlung von Flüssigkeit im Hirngewebe; es kommt zu einem sogenannten Hirnödem. Das Gehirn schwillt an und drückt gegen die knöcherne Schädelwand, die dem Druck nicht nachgeben kann.

Schädigungen im Gehirn

Je länger die Hirnschwellung anhält und je schwerer sie wird, desto höher steigt der Druck im Schädelinneren. Es kommt zu einer Schädigung der empfindlichen Hirnzellen. Ebenfalls steigt der Druck auf die feinen Blutgefäße im Gehirn. Diese werden zusammengedrückt, und es folgt eine Unterversorgung der Hirnzellen mit Blut und Sauerstoff. Mögliche Folgen sind Krampfanfälle, Bewusstseinsstörungen bis hin zum Koma und bei einem steigenden Druck auf das Atemzentrum im Gehirn eine verminderte Atmung bis hin zum Atemstillstand.

Wesentlich häufiger als der Hitze- oder Sonnenstich ist jedoch der Hitzschlag, bei dem der gesamte Organismus in Mitleidenschaft gezogen wird. Hierbei erfolgt die Schädigung entweder direkt durch die Überhitzung der Zellen oder als Folge einer verminderten Durchblutung und damit einer Unterversorgung mit Sauerstoff.

Alle Organe im Körper können neben dem Gehirn davon betroffen sein, mit den entsprechenden Folgen.

Das Hauptschockorgan Darm ist häufig gleich zu Beginn betroffen. Durch die Unterversorgung mit Blut und Sauerstoff kommt es zu Schädigungen in der Darmschleimhaut. Es folgen Erbrechen und schwerer teilweise auch blutiger Durchfall. Die Darmschleimhaut wird durchlässig für Bakterien und Giftstoffe aus dem Darminneren, die dann ins Blut gelangen und zu Vergiftungserscheinungen (Sepsis) führen können.

Durchfall

Durch die hohen Temperaturen kommt es auch zu Schädigungen in den Gefäßwänden, die wiederum die Blutgerinnungskaskade aktivieren. Es wird zum einen vermehrt Thromboplastin freigesetzt, bei dem es sich um ein Plasmaprotein handelt, das die Blutgerinnung startet. Zum anderen kommt es zu einer vermehrten Aggregation (Anhäufung) der Thrombozyten, die für die Blutgerinnung notwendig sind.

Störungen der Blutgerinnung

Die Folge ist eine sogenannte Disseminierte intravasale Gerinnung (DIC), eine Blutgerinnung, die über das gesamte Blutgefäßsystem verteilt auftritt; auch als Verbrauchskoagulopathie bezeichnet. Hier handelt es sich nicht um einen primären eigenständigen Krankheitskomplex, sondern um eine reine Folge oder Komplikation einer anderen Erkrankung, in diesem Fall der Überhitzung von Körpergewebe.

Anfangs kommt es zu einer vermehrten Blutgerinnung in den Blutgefäßen, die zu einer Thrombose (Gefäßverschluss) und damit verbunden zu Gewebeschäden durch eine mangelnde Blutversorgung führt. Durch den hohen Verbrauch an Blutgerinnungsfaktoren und Thrombozyten kommt es anschließend zu einer reduzierten Blutgerinnung und damit verbunden zu vermehrten Blutungen.

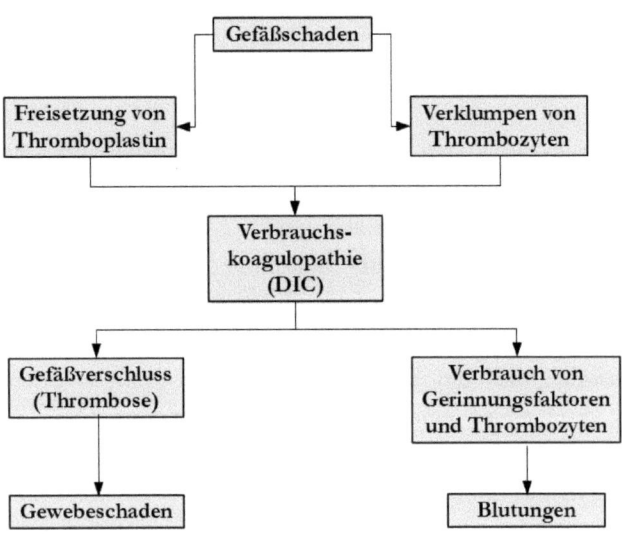

Zusammen mit dem Flüssigkeitsmangel können die schlechte Durchblutung und kleinste Thrombosen in den feinen Nierengefäßen zu teilweise dauerhaften Schäden in den Nieren führen.

Die Nieren setzen sich zusammen aus einem System winziger Kanälchen, den Tubuli. Zum einen filtern diese Tubuli Abfallstoffe aus dem Blut heraus

Nierenversagen

und leiten diese über den so entstehenden Urin aus dem Körper ab. Zum anderen werden in den Tubuli vor allem Elektrolyte rückresorbiert.

Die verminderte Durchblutung, der Flüssigkeitsmangel und die Neigung zur Thrombenbildung können im Nierengewebe zu Blutungen und zu Nekrosen, also dem Absterben der kleinen Nierentubuli führen. Dies resultiert dann entweder im akuten Nierenversagen oder in einem langsamen Absterben der Nierenzellen, der sogenannten Apoptose, was auch zu einem späteren Zeitpunkt noch zum Versagen der Nierenfunktion führen kann.

Die Leber erfüllt vielfältige Aufgaben im Körper. Sie produziert und verstoffwechselt Stoffe, die für eine normale Ver-dauung notwendig sind, und sie ist

Leberversagen

beteiligt an der Umsetzung von Kohlenhydraten und Glucose, von Fetten und an der Produktion von Eiwei-ßen (Proteinen). Weiterhin hat sie Funktionen bei der Immunabwehr und in der Blutgerinnung.

Bei einer Überhitzung des Hundekörpers kommt es

schnell zu Nekrosen der Leberzellen (hepatozelluläre Nekrosen). Dies bedingt einen Anstieg der Leberenzyme und des Bilirubins (ein Abfallprodukt aus der Verstoffwechselung des Blutfarbstoffs Hämoglobin) im Blut. Der Blutglukosespiegel kann unter den lebenswichtigen Normalbereich abfallen, so dass es zu einer Unterzuckerung des Hundes kommt, die lebensbedrohlich werden kann. Die Produktion von Blutgerinnungsfaktoren geht zurück, Blutungen werden begünstigt.

Auch die Lunge kann bei einer Überhitzung schnell in Mitleidenschaft gezogen werden.

Lungenödem Es kommt zu einer Entzündung der Wandauskleidung der Blutgefäße, einer Vaskulitis. Durch eine erhöhte Durchblutung infolge der Entzündung werden vermehrt Entzündungsmediatoren (Lymphozyten, Granulozyten, Makrophagen, Mastzellen und andere) an die betroffenen Stellen der Lungengefäße angespült. Diese Entzündungsmediatoren erhöhen die Durchlässigkeit der Blut-Luft-Schranke in der Lunge. Flüssigkeit kann aus den Blutgefäßen in die Lungenbläschen austreten. Es kommt zum Lungenödem. Der Hund bekommt nur noch sehr schlecht Luft oder ertrinkt im schlimmsten Fall an der Flüssigkeit in der Lunge.

Am Herzen können alle Schädigungen, die durch die Überhitzung entstanden sind, zu zelltoxischen Veränderungen im Herzmuskel (Myokard) führen. Daraus resultieren Störungen in der Erregungsweiterleitung, die in chronischen Rhythmusstörungen (Arrhythmien), im schlimmsten Fall auch im Herztod enden können.

Zusammenfassend finden sich also beim hitzegeschädigten Hundepatient folgende Probleme (diese müssen nicht zwangsläufig alle gleichzeitig auftreten):

Allgemeinzustand:	Seitenlage, reduzierte Ansprechbarkeit bis hin zum Koma
Körpertemperatur:	normal, erhöht, erniedrigt
Atmung:	erhöhte Frequenz, Atemnot, Hecheln
Herz/Kreislauf:	Schleimhäute hoch gerötet, trocken, evtl. mit Blutungen; hohe Herzfrequenz; unregelmäßiger Herzschlag; veränderte Pulsqualität
Nervensystem:	reduziertes Bewusstsein; Gleichgewichtsstörungen; Blindheit; Krampfanfälle; Koma
Magen-Darm:	vermehrtes Speicheln; Erbrechen; blutiger Durchfall (evtl. auch erst später)

Wie muss gehandelt werden?

Häufig glauben Hundebesitzer, dass ihr Hund, wenn er aus dem überhitzten Auto gerettet wurde, und es ihm wieder gut geht, das ganze Problem auch überstanden hat. Sehr oft ist dem aber leider nicht so. Die entstandenen Folgeschäden kommen manchmal erst verspätet zu Tage. Eine Schädigung der Nieren aufgrund der mangelhaften Versorgung kann auch verspätet noch zu einem Nierenversagen führen. Ebenso kann eine Unterversorgung des Gehirns auch nach einer Weile noch zu epileptischen Anfällen führen, die unter Umständen ein Leben lang behandelt werden müssen.

Je früher also der Hund aus der misslichen Lage befreit wird, desto besser sind die Chancen den kurzfristigen Tod Spätfolgen zu vermeiden. Man geht hier von einem Zeitfenster von maximal neunzig Minuten bis zur medizinischen Behandlung aus.

Was können wir also unternehmen, wenn das ganze Malheur schon geschehen ist?
Ganz wichtig ist, den Hund sofort aus dem Auto zu befreien. Er muss in den Schatten verbracht und so schnell wie möglich abgekühlt werden.
Am besten funktioniert dies, indem Sie das Fell des Hundes völlig durchnässen. Das Wasser sollte hier zwar schon gut kalt aber nicht eiskalt sein, um einen Kreislaufschock zu vermeiden. Auch sollten sie den Hund nicht abrupt mit dem kalten Wasser übergießen, um den

Kreislauf nicht zu überfordern. Beginnen sie am besten an den Gliedmaßen mit der Abkühlung. Durchnässen Sie zuerst die Pfote und arbeiten sie sich dann an den Beinen nach oben zum Körper vor.

Vielfach wird in unterschiedlichen Foren empfohlen, den Hund in feuchte Tücher einzuwickeln oder ihn zumindest damit abzudecken. Dazu kann aus tiermedizinischer Sicht nicht geraten werden. Der kühlende Effekt dieser Tücher ist nur sehr begrenzt, da das feuchte Material bei direktem Körperkontakt sehr schnell die aus dem Körper abgegebene Wärme aufnimmt, und somit der Kühleffekt vollständig versiegt. Hinzu kommt, dass ein guter Kühleffekt nur dann erreicht wird, wenn das Wasser auf und im Fell verdunsten kann. Denn nur die Verdunstung kühlt in diesem Fall wirklich ab. Um Wasser zu verdunsten muss ein gewisses Maß an Luftbewegung herrschen. Wenn ich jedoch das feuchte Fell abdecke, unterbinde ich so den Luftstrom und damit auch die Verdunstung. Unter Umständen kann dadurch die ohnehin schon bedenkliche Situation für den Hund noch verschlimmert werden.

Um die Verdunstung während des Transports zu fördern, empfiehlt es sich, die Fenster im Auto zu öffnen, um für ausreichend Luftbewegung zu sorgen, oder die Klimaanlage voll aufzudrehen.

Ist der Hund noch bei Bewusstsein und ansprechbar, ist es durchaus sinnvoll ihm kühles (nicht kaltes!) Trinkwasser anzubieten. Dies aber bitte immer nur in kleinen Portionen, um den Kreislauf und den Verdauungsapparat nicht zu überfordern.

Haben wir Glück und der Hund erholt sich relativ schnell wieder, stellt sich für manche Hundehalter die Frage, warum er denn jetzt noch mit dem Hund zum Tierarzt soll, wenn es ihm doch wieder gut geht.

Auch hier geht es wieder darum Folgeschäden zu vermeiden. Studien haben gezeigt, dass selbst nach einer erfolgreichen tiermedizinischen Behandlung nach einem Hitzschlag immer noch bis zu fünfzig Prozent der Patienten versterben können. Es ist also unbedingt notwendig, mit dem betroffenen Hund sofort einen Tierarzt aufzusuchen! Dieser wird alles unternehmen, um dem Hund so gut wie möglich zu helfen. Hier ist es wichtig für eine weitere angemessene Kühlung bis zu einer Körpertemperatur von 38,5°C zu sorgen. Unter Umständen muss ein Hund mit dichtem, langem Fell auch geschoren werden, um ihn ausreichend mit Wasser abkühlen zu können. Massagen können für eine ausreichende Durchblutung sorgen.

In jedem Fall wird der behandelnde Tierarzt den Hund sofort an eine Infusion hängen, um den Kreislauf zu stabilisieren und die Nierenfunktion aufrecht zu erhalten.

Da durch die Überanstrengung der Hunde häufig der Blutglukosespiegel absinkt, kann es notwendig sein, dass über die Infusion auch Glukose zugeführt wird.

Wichtig ist auch, das Tier mit ausreichend Sauerstoff zu versorgen. Manchmal muss es hierzu in eine spezielle Sauerstoffbox verbracht werden.

Entwickelt sich durch die Entgleisung des Stoffwechsels eine Übersäuerung (Azidose) des Gewebes, muss auch diese behoben werden.

Besteht die Gefahr eines Hirnödems muss dieses mit speziellen Medikamenten bekämpft werden.

Ebenso wichtig ist eine antibiotische Abdeckung des Hundes, um Sekundärinfektionen aufgrund des gestörten Immunsystems und der durchlässigen Blut-Darm-Schranke zu verhindern.

Sie sehen also, dass es unbedingt erforderlich ist, dass ihr Hund im Ernstfall unverzüglich einem Tierarzt vorgestellt wird.

Auch bei einer sofortigen tierärztlichen Versorgung des Hundes, ist die Prognose immer sehr vorsichtig zu beurteilen. Ob der Hund das Geschehen überlebt, ist von vielen Faktoren abhängig. Ganz entscheidend ist die Zeit, die vergeht, bis der Hund aus seiner missliche Lage befreit und tierärztlich versorgt wird. Vergehen hier mehr als neunzig Minuten, verschlechtern sich die Aussichten auf eine Heilung rapide. Auch Übergewicht kann die Überlebenschancen deutlich reduzieren, da Fett ein guter Wärmespeicher ist, und ein Herunterkühlen erschwert.

Weitere Faktoren, die die Überlebenschancen verschlechtern, sind: Krampfanfälle oder ein komatöser Zustand bei Einlieferung in die Praxis oder Klinik, das Vorliegen einer massiven Unterzuckerung (Hypoglykämie), akutes Nierenversagen, eine bereits gestörte Blutgerinnung sowie eine deutliche Unterkühlung (Hypothermie, Untertemperatur).

Das Problem Auto

Auch bei vermeintlich normalen Wetterlagen muss man sich als Hundehalter im Klaren darüber sein, dass unter Umständen schnell unvorhergesehene Situationen auftreten können. So kann es sein, dass man nur ganz schnell etwas im Laden besorgen wollte. Dann kommt etwas dazwischen, und schon sitzt der Hund viel länger im Auto, als man das eigentlich geplant hatte. Je nach Wetterlage können dann „nur" fünf Minuten schon zu viel sein und über das Leben des geliebten Vierbeiners entscheiden.

Fakt ist: keiner kann vorhersehen, wie sich die Verhältnisse außerhalb und vor allem innerhalb des Autos in einem bestimmten Zeitrahmen entwickeln werden.

Die Entwicklung innerhalb des Autos ist von vielen Faktoren außerhalb abhängig.

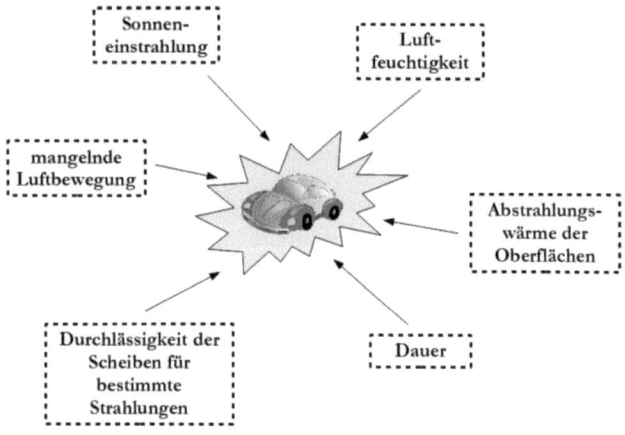

Das Ausmaß der Sonneneinstrahlung hat einen großen Einfluss auf die Entwicklung der Temperaturen und des Klimas innerhalb eines Fahrzeuges. Ein Auto, das direkt in der Sonne geparkt wird, heizt sich wesentlich schneller auf als ein Auto, das im absoluten Schatten steht. Allerdings darf man sich auch dann nicht in Sicherheit wiegen. Unter bestimmten Umständen heizt sich auch ein Auto im Schatten auf das gleiche Niveau auf wie das Auto in der Sonne. Es dauert nur etwas länger.

Begünstigt wird das Aufheizen eines Fahrzeuges durch die fehlende Ventilation. Wir kennen das vom Ventilator. Vor einem Ventilator sitzend haben wir schnell den Eindruck, dass es gar nicht mehr so warm ist. Vielfach wird versucht, einen vergleichbaren Zustand zu erreichen, indem die Autoscheiben einen Spalt weit geöffnet werden. In der Regel ist der Spalt jedoch aus Angst vor einem möglichen Einbruch oder dem Entweichen des Hundes so minimal, dass eine ausreichende Luftbewegung innerhalb des Fahrzeuges gar nicht möglich ist. Versuche haben gezeigt, dass eine Autoscheibe mindestens zwanzig Zentimeter geöffnet sein muss, um überhaupt einen Effekt zu haben. Dies werden die meisten Autofahrer jedoch vermeiden. Hinzu kommt noch, dass inzwischen die meisten Hunde in Transportbehältern im hinteren Bereich der Fahrzeuge untergebracht sind. Wenn ein Hund in einer Transportbox im Kofferraum sitzt, und die Seitenfenster vorne ein Stück weit geöffnet werden, so wird dies für den Hund keinerlei positiven Effekt haben, da so keine Frischluft den Hund erreichen wird. Verschlimmert wird eine solche Situation noch durch Boxen, die über nahezu vollständig geschlossene Seitenwände und nur schmale Gitterstreifen an den Türen oder in den oberen Seitenwandbereichen verfügen. Solche Boxen können nicht ausreichend belüftet werden.

In diesen Boxen ist die Luftzirkulation schon dadurch erschwert, dass drei Seitenwände vollständig verschlossen sind. Meist werden diese Boxen dann auch noch im Kofferraum so platziert, dass die Tür nach hinten zeigt und direkt hinter der Heckklappe des Autos liegt. Dadurch wird die Luftzirkulation noch weiter eingeschränkt. Im schlimmsten Fall liegt das Gitter direkt hinter der der Heckscheibe. Dann scheint die Sonne ungehindert in die Transportbox, und der Hund hat keine Möglichkeit der Sonneneinstrahlung zu entgehen.

Wie schnell sich ein Auto aufheizen kann, wurde vielfach untersucht und gemessen. Grundstein et al. veröffentlichten 2010 eine Studie, für die sie unter verschiedenen Außenbedingungen die Temperaturentwicklung im Inneren von Autos untersucht hatten. In Anlehnung an diese Studie hier die Ergebnisse in tabellarischer Form:

Außen-temperatur in °C	Temperatur in °C innerhalb des Fahrzeugs nach			
	5 min	10 min	30 min	60 min
42	46	49	58	68
40	44	47	56	66
38	42	45	54	64
36	40	43	52	62
34	38	41	50	60
32	36	39	48	58
30	34	37	46	56
28	32	35	44	54
26	30	33	42	52
24	28	31	40	50
22	26	29	38	48
20	24	27	36	46

☐ individueller Wohlfühlbereich; einigen Hunden gefällt es; für andere ist es schon zu warm

Der Körper muss schon gekühlt werden, um die Körpertemperatur zu halten

Ab hier wird es kritisch. Es besteht kein Gefälle mehr zwischen Körperinnentemperatur und Umgebungstemperatur. Hier ist ein Runterkühlen des Körpers nur noch mit viel Energieaufwand und nur über kurze Zeit möglich.

Der Ernstfall!!! Es entstehen die ersten Organschäden, die evtl. auch trotz Therapie nicht mehr kompensiert werden können. Es besteht Lebensgefahr!!!

In diesen Temperaturbereichen ist auch ein sehr kurzer Aufenthalt für den Hund schnell tödlich!

Wie kann ich als Halter vorbeugen?

Am besten vorbeugen lassen sich Hitzschlag und Co. natürlich, indem man den Hund erst gar nicht in eine Gefahrenlage bringt, in der er überhitzen könnte. Doch ganz vermeiden lässt sich dieses Risiko nicht.

Ganz wichtig ist, dass Sie sowohl Spaziergänge als auch Autofahrten bei sehr hohen Temperaturen wann immer vermeiden.

Gehen Sie im Sommer nur in den frühen Morgen- und Abendstunden für längere Spaziergänge raus. Lassen Sie Ihren Hund in den Mittagsstunden auch nicht unbeaufsichtigt für längere Zeit im Garten. Auch hier kann er schnell überhitzen, wenn er – aus welchem Grund auch immer – zu einem hohen Bewegungsdrang neigt.

Autofahrten mit Hund sollten im Sommer, wann immer möglich vermieden werden. Vor allem sollte die Kombination aus körperlicher Anstrengung und Fahrt im überhitzten Auto tabu sein. Das schlimmste Szenario ist im Sommer immer wieder, wenn Hundebesitzer mit ihrem Hund auf den Hundeplatz zum Trainieren gehen und dann den Hund noch ein oder zwei Stunden im Auto warten lassen, weil sie mit ihren Freunden noch schnell etwas Kühles trinken. Dann kommt anschließend noch die Fahrt im Auto hinzu, die mehr oder weniger lange dauern kann. Diese Situation kann dann sehr schnell zu viel für den Hund sein.

Inzwischen groß in Mode sind Kühlhalsbänder und

Kühlwesten für Hunde. Leider mag sich mir der Sinn dieser Modeaccessoires nicht wirklich erschließen. Ein Halsband kann nur in dem Bereich kühlen, in dem es dem Hund aufliegt; also nur in einem kleinen Bereich am Hals eben. Kritischer allerdings sehe ich die Kühlwesten. Im Prinzip hat man hier einen vergleichbaren Effekt wie bei dichtem langem Fell auch. Die Wärmeabstrahlung des Körpers und der kühlende Effekt der umgebenden Luft einschließlich des Nutzens von Luftbewegungen gehen gerade am Hundekörper verloren. Das Durchnässen dieser Westen mag zwar einen kurzfristigen Nutzen bringen. Aber genau genommen nur dann, wann er eigentlich noch nicht benötigt wird. Nämlich direkt nach dem Anlegen der Weste. Aber da hat der Hund unter Umständen noch gar nicht das Bedürfnis sich abzukühlen. Ist der Hund dann aber in Bewegung und heizt sich auf, gibt er seine überschüssige Wärme an die feuchte Decke ab. Im schlimmsten Fall haben wir dann unter der Decke, die eigentlich kühlen sollte einen Effekt wie in einer kleinen Sauna; feuchtwarme Luft, die direkt auf unserem Hund unter der Decke gefangen ist, und den Hund zusätzlich belastet. Was spricht also dagegen, den Hund direkt zu befeuchten, wenn er eine Weile in Bewegung war und sich aufgeheizt hat? Oder lassen wir die Hunde doch einfach Baden gehen, wenn sie Wasser mögen.

Lässt es sich nicht vermeiden, dass der Hund auch im Sommer im Auto mitfahren muss, sollten Halter unbedingt ein paar Regeln beachten.

1. Wenn möglich, nicht in der Mittagshitze fahren.
2. Vor der Fahrt das Auto im Schatten oder in der kühlen Garage abstellen, um ein „Vorheizen" zu vermeiden.
3. Nutzen Sie zur Sicherung Ihres Hundes im Auto eine Transportbox, wählen Sie am besten eine aus, die nicht rundum geschlossen ist, sondern über viele große Gitteröffnungen verfügt. So verhindern Sie zumindest teilweise einen Wärmestau innerhalb der Box.
4. Führen Sie immer frisches Trinkwasser mit sich, das Sie dem Hund immer wieder anbieten können.
5. Wählen Sie den Abstellort des Autos mit Bedacht aus. Wählen sie keinen Platz in der Sonne. Bedenken Sie, dass die Sonne im Laufe des Tages wandert, und das Auto unter Umständen doch irgendwann in der Sonne steht.
6. Öffnen sie die Autofenster in einem ausreichenden Maße. Sichern Sie sie gegebenenfalls mit einklemmbaren Gittern vor dem Zugriff durch Fremde. Bedenken Sie: in den seltensten Fällen wird sich ein Fremder an Ihrem Auto vergreifen, wenn sich ein Hund darin befindet.
7. Verlassen Sie sich nicht auf Ihre Klimaanlage. Auch wenn Sie noch so lange vorgekühlt haben, der Effekt hält maximal fünf bis zehn Minuten an, nachdem die Klimaanlage ausgeschaltet wurde.
8. Verlassen Sie sich nicht darauf, dass Sie ja „nur" ein paar Minuten im Laden brauchen. Schnell hat man

einen Bekannten getroffen und sich mit ihm festge-
quatscht, während der Hund im Auto wartet.

9. Ältere Hunde (Senioren), Herzpatienten und kurznasige Rassen sollten nach Möglichkeit gar keiner
Hitze und keinen großen Anstrengungen im Sommer ausgesetzt werden.

Alles, was Recht ist

Womit habe ich als Halter zu rechnen, wenn ich meinen Hund im überhitzten Auto warten lasse?

Grundsätzlich muss gesagt werden, dass es einem Hundehalter rechtlich nicht verboten ist, seinen Hund im Auto warten zu lassen.

Ein Hundehalter, der seinen Hund im Sommer in einem überhitzten Auto warten lässt, handelt allerdings nicht nur verantwortungslos, er muss auch mit ernsthaften rechtlichen Konsequenzen rechnen. Im Ernstfall kann eine Strafanzeige wegen Tierquälerei drohen, die nach § 17 TierSchG eine Haftstrafe von bis zu drei Jahren und ein lebenslanges Tierhalteverbot nach sich ziehen kann.

Einem „Wirbeltier [...] ohne vernünftigen Grund erhebliche Schmerzen, Leiden oder Schäden" zuzufügen, stellt nach § 18 Abs. 1 TierSchG bereits eine Ordnungswidrigkeit dar. Und seinen Hund im Sommer im Auto ungeschützt der Hitze auszusetzen, bedeutet genau das: Schmerzen, Leiden und Schäden zufügen. Für diese Ordnungswidrigkeit sind Geldstrafen in Höhen von bis zu 25.000 Euro vorgesehen.

Polizei und Feuerwehr sind grundsätzlich ermächtigt, in solchen Fällen einzugreifen und den Hund aus dem Auto zu befreien. Die Kosten die hierbei entstehen, sowohl für den jeweiligen Einsatz als auch für die am Fahrzeug entstanden Schäden, hat dann der Tierhalter zu tragen. Dies bestätigte auch das Oberverwaltungsgericht Rheinland-Pfalz im Jahr 2005 (AZ 12 A 10619/05.OVG). Das Gericht war der Meinung, dass es keine Rechtfertigung dafür gäbe, dass die Allgemeinheit diese Kosten zu tragen hätte.

Womit habe ich als Außenstehender zu rechnen, wenn ich einem Hund im überhitzten Auto helfen möchte?

Generell sollte sich aus moralischen Gründen die Frage, ob ich einem Hund in einem überhitzten Auto helfe, gar nicht erst stellen (müssen). Jeder, der ein Tier vor dem drohenden Hitzetod rettet, ist rechtlich auf der sicheren Seite, wenn er bestimmte Regeln einhält.

§ 34 StGB rechtfertigt, eine Gefahr auf „Leben, Leib, Freiheit, Ehre, Eigentum oder ein anderes Rechtsgut" mit angemessenen Mitteln abzuwehren. Darunter fällt auch der Hund im überhitzten Auto. Hier handelt es sich um einen „rechtfertigenden Notstand". Dies sieht auch das BGB so und unterstützt den Helfer mit dem § 228, der einer Person zusichert nicht widerrechtlich zu handeln, wenn er „eine fremde Sache beschädigt oder zerstört, um eine durch sie drohende Gefahr von sich oder einem anderen abzuwenden".

Dennoch gibt Ihnen das keinen Freibrief, gleich die Scheibe einzuschlagen, um den Hund aus dem Auto zu holen. Um den Notstand auch rechtfertigen zu können, sollten sie sehr besonnen und umsichtig vorgehen.

Finden Sie einen Hund in einem Auto vor, der sichtbar

leidet, dann notieren sie sich zuerst alle wichtigen Daten, wie das Datum, den genauen Ort, die Uhrzeit, die Automarke sowie das Kennzeichen und eventuelle Zeugen, die das Ganze bestätigen können. Wenn Sie die Möglichkeit haben, machen Sie von den Gegebenheiten Fotos oder eine Videoaufzeichnung mit dem Handy. Rufen sie unbedingt die zuständige Polizeidienststelle oder die Feuerwehr an, bevor Sie weiter handeln. Versuchen Sie auch unbedingt den Halter des Fahrzeuges ausfindig zu machen. Ist das Fahrzeug vor einem Supermarkt oder einem anderen Laden geparkt, gehen Sie bitte hinein und lassen sie den Halter des Fahrzeuges ausrufen. Notieren Sie sich auch hier unbedingt die Uhrzeit, um später nachweisen zu können, dass Sie lange genug gewartet haben.

Sowohl Polizei als auch Feuerwehr sind rechtlich abgesichert, wenn sie ein Auto aufbrechen, um den Hund daraus zu befreien. Auf Sie selbst trifft dies nicht automatisch zu. Auch wenn Sie den Hund aus einer eindeutigen Notlage befreien, indem Sie die Scheibe einschlagen, begehen Sie gemäß § 303 Abs. 1 StGB erst einmal Sachbeschädigung an fremdem Eigentum. Daher ist es unbedingt notwendig, die obigen Regeln einzuhalten und am Fahrzeug so wenig Schaden wie möglich anzurichten. Schlagen Sie also weder die Front- noch die Heckscheibe ein. Bei diesen handelt es sich in der Regel um spezielle Doppelverglasungen, die in der Neuanschaffung entsprechend teuer sind. Schlagen sie bevorzugt ein Seitenfenster ein, und wählen Sie das, das am weitesten vom Hund entfernt ist, um diesen nicht auch noch durch herumfliegende Glassplitter zu verletzen. Hier ist es dann für sie auch wieder ganz wichtig, dass Sie Zeugen haben, die Ihnen die Notlage bestätigen können.

Es ist sehr wahrscheinlich, dass der Fahrzeughalter eine Strafanzeige wegen Sachbeschädigung gegen Sie erstatten wird. Lassen sie sich hiervon nicht einschüchtern und berufen Sie sich direkt auf den rechtfertigenden Notstand gemäß § 34 StGB. Auch wenn es tatsächlich deswegen zu einer Gerichtsverhandlung kommen sollte, stehen die Chancen ausgesprochen gut, dass die Staatsanwaltschaft in diesem Fall die Klage niederschlagen wird.

Sollten sie den Hund zu einem Tierarzt oder in eine Tierklinik bringen müssen, weil der Tierhalter kurzfristig nicht auffindbar ist, lassen Sie sich diese Notwendigkeit von der Polizei oder der Feuerwehr bestätigen. Der Tierhalter muss auch für die Behandlungskosten seines Tieres aufkommen.

Bitte beachten Sie, dass diese rechtlichen Hinweise keine rechtliche Beratung durch einen Anwalt ersetzen können. Holen Sie sich im Ernstfall immer rechtlichen Beistand.

Relevante Rechtsprechung

Tierschutz-Hundeverordnung (TierSchHuV)

§ 8 Fütterung und Pflege

(1) Die Betreuungsperson hat dafür zu sorgen, dass dem Hund in seinem gewöhnlichen Aufenthaltsbereich jederzeit Wasser in ausreichender Menge und Qualität zur Verfügung steht. Sie hat den Hund mit artgemäßem Futter in ausreichender Menge und Qualität zu versorgen.

(2) Die Betreuungsperson hat

[...] 3. für ausreichende Frischluft und angemessene Lufttemperaturen zu sorgen, wenn ein Hund ohne Aufsicht in einem Fahrzeug verbleibt.

Tierschutzgesetz (TierSchG)

§ 1

Zweck dieses Gesetzes ist es, aus der Verantwortung des Menschen für das Tier als Mitgeschöpf dessen Leben und Wohlbefinden zu schützen. Niemand darf einem Tier ohne vernünftigen Grund Schmerzen, Leiden oder Schäden zufügen.

§ 2

Wer ein Tier hält, betreut oder zu betreuen hat,

[...] 2. darf die Möglichkeit des Tieres zu artgemäßer Bewegung nicht so einschränken, dass ihm Schmerzen oder vermeidbare Leiden oder Schäden zugefügt werden

§ 17

Mit Freiheitsstrafe bis zu drei Jahren oder mit Geldstrafe wird bestraft, wer

[…] 2. einem Wirbeltier

[…] b) länger anhaltende oder sich wiederholende erhebliche Schmerzen oder Leiden zufügt.

§ 18

(1) Ordnungswidrig handelt, wer vorsätzlich oder fahrlässig

1. einem Wirbeltier, das er hält, betreut oder zu betreuen hat, ohne vernünftigen Grund erhebliche Schmerzen, Leiden oder Schäden zufügt,

(2) Ordnungswidrig handelt auch, wer, abgesehen von den Fällen des Absatzes 1 Nr. 1, einem Tier ohne vernünftigen Grund erhebliche Schmerzen, Leiden oder Schäden zufügt.

(4) Die Ordnungswidrigkeit kann in den Fällen des Absatzes 1 Nummer 1 […] des Absatzes 2 […] mit einer Geldbuße bis zu fünfundzwanzigtausend Euro, in den übrigen Fällen mit einer Geldbuße bis zu fünftausend Euro geahndet werden.

Strafgesetzbuch (StGB)

§ 34 Rechtfertigender Notstand

Wer in einer gegenwärtigen, nicht anders abwendbaren Gefahr für Leben, Leib, Freiheit, Ehre, Eigentum oder ein anderes Rechtsgut eine Tat begeht, um die Gefahr von sich oder einem anderen abzuwenden, handelt nicht rechtswidrig, wenn bei Abwägung der widerstreitenden Interessen, namentlich der betroffenen Rechtsgüter und des Grades der ihnen drohenden Gefahren, das geschützte Interesse das beeinträchtigte wesentlich überwiegt. Dies gilt jedoch nur, soweit die Tat ein angemessenes Mittel ist, die Gefahr abzuwenden.

§ 303 Sachbeschädigung

(1) Wer rechtswidrig eine fremde Sache beschädigt oder zerstört, wird mit Freiheitsstrafe bis zu zwei Jahren oder mit Geldstrafe bestraft.

Dr. Sabine Bender ist Tierärztin aus Leidenschaft. In eigener Praxis widmet sie sich im Nordpfälzer Bergland seit einigen Jahren dem Wohl der Hunde, Katzen und anderer Haustiere.

Die Aufklärung der Tierhalter, um Erkrankungen und Leiden ihrer Tiere vorzubeugen, liegt ihr dabei besonders am Herzen.

Privat engagiert sie sich im Natur- und Artenschutz.

Anregungen zum Buch nimmt sie gerne entgegen unter bender-sabine@t-online.de